A RECEITA DE JESUS PARA A *felicidade*

HERNANDES DIAS LOPES

A RECEITA DE JESUS PARA A *felicidade*

PÓRTICO

Organizador de conteúdo: Carlos Fernandes
Preparação: Vivian Miwa Matsushita
Revisão: Denise Schittine e Luciana Figueiredo
Diagramação: Vivian Oliveira
Capa: Rick Szuecs

Dados Internacionais de Catalogação na Publicação (CIP)
Angélica Ilacqua CRB-8/7057

Lopes, Hernandes Dias
A receita de Jesus para a felicidade / Hernandes Dias Lopes. São Paulo : Planeta do Brasil, 2018.
144 p.

ISBN: 978-85-422-1369-0

1. Jesus Cristo 2. Felicidade – Aspectos religiosos 3. Vida cristã I. Título

18-0924 CDD 248.4

Índice para catálogo sistemático:
1. Vida cristã : Felicidade

2018
Todos os direitos desta edição reservados à
EDITORA PLANETA DO BRASIL LTDA.
Rua Padre João Manuel, 100 – 21º andar
Ed. Horsa II – Cerqueira César
01411-000 – São Paulo-SP
www.planetadelivros.com.br
atendimento@editoraplaneta.com.br

Sumário

PREFÁCIO

A procura da felicidade tem sido a marca registrada da nossa geração. Milhões de dólares são gastos, diariamente, para proporcionar ao homem, sedento de alegria, momentos de prazer. Há, dentro do ser humano, uma sede indisfarçável de felicidade. O problema do homem, na verdade, não é a busca da felicidade – a questão é que ele tem se contentado com uma alegria pequena demais, limitada demais, terrena demais. Deus nos criou para a maior de todas as alegrias: o gozo sublime de glorificá-Lo e usufruí-Lo para sempre. Esta é a finalidade principal da existência humana.

Entretanto, em nossa rebeldia, temos deixado o Senhor, que é o manancial de águas vivas, de lado, para cavar para nós mesmos cisternas rotas, que não retêm as águas. Em nossa ânsia, temos procurado a felicidade em fontes erradas: riqueza, fama, prazeres, conquistas. Porém, nada disso é capaz de suprir nossa sede de água da vida.

A felicidade verdadeira é uma dádiva. Ela só pode ser desfrutada no Senhor. O próprio Deus é a essência dessa felicidade. O mundo, com seus encantos e seduções, mostrará a você novas propostas. Dirá, talvez, que a alegria de Deus é uma privação severa da liberdade. Ou, então, que a verdadeira festa é aquela regada pelos licores da sensualidade ou pelas viagens do álcool ou das drogas. Sim, o mundo – que, conforme a Escritura, jaz no maligno – quererá convencer você de que a felicidade só pode ser alcançada pelo hedonismo e pela entrega desenfreada a todos os prazeres que ele proporciona. Afinal, "a vida é para ser vivida", como se diz.

O mundo usará todos os seus argumentos para convencê-lo de que é possível você ser amigo dele e, ainda, amigo de Deus. Com franqueza e sem reservas, ergo minha voz para dizer-lhe que a satisfação disponível neste mundo é um arremedo da verdadeira felicidade. Não há permanente prazer no pecado. Não há verdadeira alegria na estrada larga que conduz à perdição. As delícias do sexo libertino tornam-se, em pouco tempo, tormentos para a alma. A liberdade que as drogas oferecem não passa de uma masmorra insalubre e escura. O mundo é perverso e tenebroso. Ser amigo do mundo é constituir-se inimigo de

Deus. Amar o mundo é afastar-se do amor de Deus, e conformar-se com o presente século é perecer com ele.

A despeito de tudo que possa sugerir o contrário, a boa notícia é que a felicidade existe! E ela está ao nosso alcance. A felicidade não está num lugar específico, mas numa atitude definida. Encorajo você, prezado leitor, a conhecer Jesus, o Filho de Deus. Ele é a verdadeira alegria. A felicidade não é apenas um destino aonde se vai, mas uma maneira de como se vive. Com Jesus, você é feliz agora e caminha para uma felicidade plena, em que não mais existirá luto, nem pranto, nem dor. Leia este livro com a alma sedenta e com o coração aberto e experimente, desde agora, a alegria indizível e cheia de glória.

Hernandes Dias Lopes

INTRODUÇÃO

Conta-se que certo rei possuía tudo que um homem pode imaginar que precisa ter à sua disposição para ser feliz nesta vida. Soberano de um próspero reino, ele tinha bens em abundância e servos à disposição. Se desejasse comer uma fruta exótica, em pouco tempo ela estava à sua mesa; caso quisesse dar uma volta, providenciavam-lhe a mais bela montaria. Aquele rei tinha uma linda mulher, filhos obedientes e vivia em um palácio deslumbrante, que deixava todos os visitantes encantados. Ele era amado por seu povo, pois governava com justiça e retidão; mantinha a paz com os reinos vizinhos, de modo que seus súditos viviam em tranquilidade e segurança.

Porém, em seu íntimo, não se sentia feliz. Ele sabia que algo lhe faltava, mas não tinha ideia do que era. Após pensar muito no assunto, teve uma ideia: pediu aos seus servos mais próximos que lhe trouxessem a camisa do homem mais feliz do mundo. Quem sabe, pensou, se a vestisse, experimentaria a tal felicidade. Seus súditos, imediatamente, partiram em busca do homem que vestisse a camisa da felicidade. Foram a toda parte; buscaram informações, consultaram sábios e, finalmente, depois de muitos meses de procura, encontraram um homem que dizia ser o mais feliz do mundo. Perguntado sobre sua ventura, o homem disse que sua felicidade vinha de sua fé e do seu amor a Deus, a quem agradecia todos os dias por tudo o que passava, fosse bom ou fosse ruim. Contudo, qual não foi a decepção do rei quando os servos voltaram sem camisa alguma. O homem mais feliz do mundo era tão pobre que sequer tinha uma camisa para vestir.

Na Bíblia, encontramos um paralelo dessa história na trajetória do povo de Israel. Apesar de terem recebido de Deus tudo o que precisavam, aquela gente era infeliz. O Senhor dava prosperidade, vitória nas guerras e sustento no deserto e, em contrapartida, recebia ingratidão e desobediência. O povo tinha tudo o que queria, mas procurava o pecado. Naturalmente, esta é a essência da natureza humana, pois Adão – que, pelo relato bíblico, também não tinha sequer uma camisa – era plenamente feliz em sua comunhão com Deus, mas pôs tudo a perder porque quis ter acesso a um poder que não lhe cabia desfrutar.

Os judeus, quando cativos no Egito, estavam sempre reclamando de Deus por causa de suas duras condições de vida. Eles murmuravam contra o Senhor; mas, mesmo assim, Deus os libertou da amarga escravidão. O Senhor quebrou o jugo, destruiu os ferrolhos e acabou com o longo ciclo de opressão e tirania sob o Egito. Sim, o Todo-Poderoso eliminou as causas do sofrimento daquela gente subjugada.

Não pode ser feliz alguém que está privado de sua liberdade, salvo se tal situação for motivada por uma entrega total e sem reservas a um projeto específico do Criador. Na Bíblia, vemos gente que, mesmo injustiçada e encarcerada, manteve a fé e a certeza do amor divino, como José, Jeremias, Paulo, Silas, Pedro e muitos outros servos do Altíssimo. Porém, a despeito da ação libertadora do Senhor, o povo de Israel continuava ingrato. As maravilhas operadas por Deus em seu favor não ficavam registradas em sua mente. Por isso, aquele povo voltava ao pecado constantemente.

Na peregrinação rumo à Terra Prometida, eles se voltavam contra Moisés a todo momento. Murmuravam pela escassez de água, pela falta de variedade de comida, pelo calor do sol e por causa do frio da noite. Chegaram a ter saudade até das cebolas que os egípcios lhes davam para comer! A dureza de coração e a arrogância dos judeus eram tão grandes que Moisés precisava, constantemente, lembrá-los de tudo que o Senhor já fizera em seu favor, ao mesmo tempo em que clamava a Deus para que não eliminasse aquele povo da face da Terra.

Prezado leitor, o relato de Deuteronômio 33:24-29 será a base para nossa reflexão ao longo deste livro – além de outras passagens, como a do sermão do monte, proferido por Jesus. Para entender bem o primeiro texto, convido-o a fazer uma leitura atenta do capítulo anterior, o 32, chamado de "O cântico de Moisés". Depois de exortar duramente o povo pelos seus pecados, chamando os israelenses de loucos e ignorantes, Moisés faz uma afirmação maravilhosa, em Deuteronômio 32:29: "Feliz és tu, ó Israel! Quem é como tu? Povo salvo pelo Senhor". A seguir, Moisés morreria. Que maravilhoso foi o trabalho de Moisés, ao longo de tantos anos, na luta para conservar sua gente nos caminhos do Senhor!

De Aser disse: Bendito seja Aser entre os filhos de Jacó, agrade a seus irmãos e banhe em azeite o seu pé. Sejam de ferro e de bronze os teus ferrolhos, e, como os teus dias, durará a tua paz. Não há outro, ó amado, semelhante a Deus, que cavalga sobre os céus para a tua ajuda e com a sua alteza sobre as nuvens. O Deus eterno é a tua habitação e, por baixo de ti, estende os braços eternos; ele expulsou o inimigo de diante de ti e disse: Destrói-o. Israel, pois, habitará seguro, a fonte de Jacó habitará a sós numa terra de grão e de vinho; e os seus céus destilarão orvalho. Feliz és tu, ó Israel! Quem é como tu? Povo salvo pelo Senhor, escudo que te socorre, espada que te dá alteza. Assim, os teus inimigos te serão sujeitos, e tu pisarás sobre os seus altos. Feliz és tu, ó Israel! Quem é como tu? (Deuteronômio 33:24-29)

1

Essa tal felicidade

O Brasil é o país mais premiado do futebol mundial. A seleção brasileira é a única que participou de todas as edições da Copa do Mundo, de 1930 a 2018, e também a única a conquistar o troféu por cinco vezes. Chamado de o país do futebol, o Brasil para diante da TV durante a Copa do Mundo. Por todo o país – das grandes metrópoles às pequeninas vilas rurais –, a emoção toma conta da nossa gente. A emoção de ganhar é algo extraordinário. Somos uma nação que respira futebol. Parece que, na época da Copa do Mundo, os mais de 200 milhões de brasileiros entram em campo para jogar com a seleção – é a "pátria de chuteiras", conforme definiu o jornalista e dramaturgo Nelson Rodrigues. Uma vibração que brota das ruas e contagia não só os jogadores, mas a nação inteira.

Nas vezes em que disputamos uma final e perdemos, como no trauma de 1950 ou no olé francês de 1998, fomos às lágrimas. E, quando fomos desclassificados no meio do caminho – como em 1982, quando a seleção, considerada a melhor da Copa do Mundo da Espanha, caiu diante da Itália ou, mais recentemente, na tragédia dos 7 a 1 para a Alemanha –, lamentamos profundamente, e logo surgem acusações e desculpas. Porém, nas vezes em que erguemos a taça como campeões do mundo, celebramos com efusiva alegria. O povo brasileiro, apesar de suas angústias, entrou em delírio com as conquistas de 1958, 1962, 1970, 1994 e 2002. Porém, essa alegria contagiante que inunda o país de norte a sul, das grandes metrópoles às pequeninas vilas do interior, dura uns poucos dias; semanas, talvez. Ela é intensa, mas efêmera; ruidosa, mas rasa; coletiva, porém não satisfaz a alma. Logo, todos voltam à sua rotina e aos seus problemas.

Cabe aqui, prezado leitor, uma pergunta, levando em conta apenas esse aspecto superficial da nossa experiência com o futebol: O que é que torna uma pessoa feliz? Levantar uma taça? Ganhar um campeonato mundial? Festejar um título do seu time do coração? Certamente, essas situações proporcionam alguns momentos de alegria legítima; mas, na manhã seguinte, ou, quem sabe, na semana que se segue ou no próximo ano, aquela alegria já não serve mais e não

Nós não vivemos de vitórias pretéritas. Tampouco moramos no passado ou nos satisfazemos com meras lembranças. Precisamos de conquistas hoje será mais motivo para comemoração. Serão necessárias novas experiências que a substituam. E assim, cria-se um ciclo ininterrupto em que se sucedem momentos de júbilo e períodos de frustração.

Nós não vivemos de vitórias pretéritas. Tampouco moramos no passado ou nos satisfazemos com meras lembranças. Precisamos de conquistas hoje. Como seres humanos, necessitamos de vitórias contínuas, pois é isso que nos motiva a seguir adiante. Não podemos ter apenas a chamada visão de retrovisor, olhando para trás e suspirando, saudosos, pelas conquistas e bons momentos do passado. Se nos servem de ânimo, as boas experiências de outrora não podem nos algemar em um saudosismo inerte – precisamos, mesmo, é olhar para frente, subir nos ombros dos gigantes e contemplar horizontes mais largos, amplos.

Todavia, não há triunfo nesta vida capaz de nos proporcionar plena felicidade. No exemplo citado – o das vitórias esportivas –, a empolgação logo passa. Agora, tomemos como exemplo as conquistas pessoais: a prosperidade financeira, o êxito na carreira profissional, uma boa vida familiar – tudo isso é motivo de alegria e contentamento duradouros. Entretanto, nada disso pode dar ao homem pleno sentido para a vida. Deus colocou a eternidade no coração do ser humano e as coisas deste mundo, por melhores e mais nobres que sejam, jamais serão suficientes para satisfazê-lo plenamente. Não por outro motivo, o escritor e filósofo russo Fiodor Dostoiévski (1821-1881), disse que, dentro do coração humano, há um vazio do tamanho de Deus. Logo, só o Senhor é capaz de preenchê-lo.

2

Onde está a felicidade?

Todo o texto bíblico, do Gênesis ao Apocalipse, expressa o que, de fato, importa em nossa vida. E é por esse anseio, ainda que não percebido, por algo eterno e completo, que vivemos insatisfeitos, ainda que tudo, aparentemente, esteja certo. Aspiramos a algo mais sublime e buscamos, mesmo que de maneira inconsciente, as coisas mais altas, pois esta é a disposição de nosso espírito. Então, nosso problema não é, como a maioria das pessoas pensa, a busca da felicidade – mas sim o fato de nos contentarmos com uma felicidade pequena demais, terrena demais, limitada demais. O Criador nos fez para algo muito mais elevado do que uma existência satisfatória aqui na Terra; Deus nos criou para O glorificarmos e O desfrutarmos para sempre. Conhecer a Deus e usufruir de intimidade com Ele é a razão maior da nossa vida.

A verdade é que "felicidade" é um termo para o qual damos tantos e tão múltiplos significados que ele se torna difícil de ser explicado. Poderíamos definir felicidade como um estado durável de plenitude, satisfação e equilíbrio; uma condição na qual o indivíduo sinta-se bem com o que é e possui. É bem diferente da alegria, que é uma condição temporária e proporcionada por algum fato ou situação momentânea. O interessante é que cada um tem sua própria noção do que é a tal felicidade, mas as concepções, geralmente, são parecidas. Se perguntarmos a algumas pessoas o que consideram necessário para ser feliz, ouviremos respostas mais ou menos parecidas. "O importante é ter saúde", dirá, talvez, a maioria. Sem dúvida, a higidez física e mental é o bem mais precioso que alguém pode ter. Sem saúde, não há como ter uma vida plena. A enfermidade traz dor, fragilidade, cansaço, fadiga, temor do futuro. A saúde é, de fato, um componente importante para a felicidade.

Outras pessoas dirão: "A felicidade está no amor". Mais uma vez, resposta certíssima. A família é uma dádiva de Deus. A família é uma ideia de Deus, é plano e projeto do Criador para nossa felicidade – por isso, ele a instituiu. Precisamos amar e ser amados por nossa família e amigos. Quem não quer ter uma família amorosa e unida, assim como bons

Poderíamos definir felicidade como um estado durável de plenitude, satisfação e equilíbrio; uma condição na qual o indivíduo sinta-se bem com o que é e possui relacionamentos de amizade, nos quais haja troca de cuidados e bons sentimentos? Amar – e ser correspondido – é uma das necessidades básicas do ser humano. O amor é um componente vital da vida, pois todos nós temos necessidades emocionais que precisam ser supridas.

A realização profissional e a estabilidade financeira são outros elementos constantemente citados quando se indaga acerca dos requisitos da felicidade. O dinheiro ganho honestamente, através do trabalho, é uma bênção divina. Quando usados para nos proporcionar conforto e bem-estar, assim como para ajudar os necessitados, os recursos financeiros abrem portas, promovem satisfação e trazem dignidade. Então, uma carreira de sucesso e um bom patrimônio também entram na equação da felicidade. Outras respostas acerca da fórmula da felicidade talvez incluíssem ter fama, poder, influência ou popularidade.

Há, também, quem a procure na bebida, nas drogas e em outras práticas compulsivas. Os bares da vida estão cheios de indivíduos que procuram, a cada garrafa, pelo menos uma hora de alívio para seus problemas. Outros caem nos tóxicos na tentativa de, quem sabe, livrar-se da solidão. O drama é que, ao fim dessa busca, voltam para casa ainda mais vazios e angustiados. O vazio de

Aspiramos a algo mais
sublime e buscamos,
mesmo que de maneira
inconsciente, as
coisas mais altas, pois
esta é a disposição
de nosso espírito

suas almas não pode ser preenchido pelas sensações efêmeras proporcionadas por substância alguma.

Não poucos buscam a felicidade nas múltiplas, constantes e incessantes aventuras sexuais. O sexo é uma fonte de prazer, no entanto, se praticado fora do plano de Deus, produz tormento. O sexo é como um rio. Se as águas correm dentro de seu curso, conduzem vida; porém, caso se esparramem para fora de seus limites, levam a inundações e tragédias. Na verdade, o sexo é puro, santo, bom e deleitoso. Porém, o sexo santo, prazeroso e sem culpa deve ser experimentado no casamento, e não fora dele. Atividade sexual antes do matrimônio é fornicação, e quem se entrega a ela cai em opróbrio e se coloca debaixo da vingança de Deus (1 Tessalonicenses 4:8). O sexo fora do casamento é adultério, e só quem quer se destruir comete tal loucura, conforme Provérbios 6:32. A felicidade não é filha do pecado, mas da santidade. O pecado é o pai da morte. Onde ele reina, a infelicidade se assenta no trono e domina o indivíduo.

De qualquer modo, continua a pergunta: O que é necessário para alguém ser plenamente feliz? Há algum "ingrediente secreto" que promova de maneira ampla e geral a felicidade a todas as pessoas? A resposta é não.

3

Felicidade além das circunstâncias

"Ele fez tudo apropriado ao seu tempo. Também pôs no coração do homem o anseio pela eternidade; mesmo assim, ele não consegue compreender inteiramente o que Deus fez."

(Eclesiastes 3:11)

Talvez, a pergunta que a maioria das pessoas mais faz a si mesma, ao longo da vida, seja, simplesmente, esta: "Será que é possível ser feliz?". Com efeito, neste mundo marcado pela dor, tristeza, decepção, injustiça, desigualdade e violência, parece utopia falar em felicidade. Se olharmos à nossa volta, aparentemente, não há condições de sermos felizes. A crise econômica compromete o nosso futuro; a corrupção parece incrustada em todas as esferas de poder; a criminalidade parece avançar sem controle; famílias se desfazem e os valores éticos e morais são questionados. Vivemos um tempo de hedonismo, individualismo e superficialidade nas relações. A solidão e a depressão são marcas da nossa época – e o número crescente de casos de suicídio atesta isso de maneira dramática.

Quando penso nessa questão, dois episódios vêm à minha mente. O primeiro deles é a experiência do apóstolo Paulo. Apesar de ter sido um dos principais líderes da Igreja primitiva, realizado muitos milagres em nome de Jesus e deixado um imenso legado de fé e doutrina – basta lembrar que é o autor de boa parte do que hoje conhecemos como Novo Testamento –, ele padeceu um bocado. Esteve preso, foi perseguido, espancado e rejeitado por causa da mensagem que pregava. Certa feita, sofreu um naufrágio e, ao chegar à terra firme, foi picado por uma serpente venenosa. Paulo enfrentou açoites, deboches e foi confrontado pelas autoridades políticas e religiosas de seu tempo. Para além disso, tinha de enfrentar uma dificuldade na vida pessoal, que muitos afirmam ser uma enfermidade (identificada pela expressão "espinho na carne"). Embora tenha sido instrumento de Deus para levar salvação e cura a muitas pessoas, ele mesmo não ficou livre do mal.

Acontece que, ao invés de se entregar ao desânimo ou murmurar contra o Senhor, esse veterano

Neste mundo marcado
pela dor, tristeza,
decepção, injustiça,
desigualdade e violência,
parece utopia falar
em felicidade

soldado de Cristo afirmou que as coisas que lhe haviam acontecido contribuíram para o progresso do Evangelho (Filipenses 1:12). Ele não olhava para a vida com as lentes embaçadas do pessimismo, mas com o telescópio da fé. Sim, Paulo sabia que Deus estava no controle de todas as circunstâncias de sua vida! Por isso, mesmo na dor, ele mostrou-se um servo precioso nas mãos do Senhor. Quando preso, a Igreja foi mais encorajada a pregar. Detido pelos romanos, ele teve a oportunidade de evangelizar os soldados da guarda pretoriana, a guarda de elite do imperador. Encerrado na cadeia, pôde escrever textos maravilhosos, inspirados pelo Espírito Santo, como as cartas que endereçou aos efésios, filipenses, colossenses e a Filémon – escritos que têm abençoado a cristandade até os dias de hoje, quase dois milênios depois. Aquele já velho apóstolo, mesmo no corredor da morte e sabendo-se próximo do próprio martírio, ergueu o estandarte da confiança e disse para a igreja de Filipos: "Alegrai-vos sempre no Senhor; outra vez digo, alegrai-vos" (Filipenses 4:4).

O segundo episódio é a experiência, bem mais recente, de Horatio Gates Spafford. Ele nasceu em 1828, em Chicago (EUA), trabalhou como advogado, foi professor de jurisprudência médica na Universidade de Lind e também diretor de um seminário. Tinha, portanto, uma vida estável e próspera. Além de tudo, era um cristão piedoso. Só que, a despeito de tudo isso, a vida desse ilustre crente presbiteriano do século XIX foi repleta de intensos sofrimentos. Para começar, um incêndio acabou com boa parte de seus bens materiais. Depois, veio a morte de um filho, fato que o deixou profundamente triste. Afinal, que dor maior há, para um pai, do que enterrar o próprio filho? Em 1881, Spafford perdeu as quatro filhas em um naufrágio, do qual apenas sua mulher se salvou.

Guardadas as proporções, a dolorosa trajetória de Spafford lembra a de Jó, narrada no Antigo Testamento. Jó também perdeu todo o seu patrimônio e ainda teve que enterrar os filhos, mortos em um acidente. Porém, à semelhança do personagem bíblico, Horatio Spafford encontrou, em meio ao sofrimento profundo, motivação para olhar para o alto e permanecer crendo em seu Deus. No momento mais dramático de sua vida, diante das piores perdas que um ser humano pode sofrer, Spafford compôs um maravilhoso hino intitulado “Sou feliz”. Essa linda poesia brotou da sua alma quando ele estava vestido de luto e alquebrado pela dor. Ao saber da morte

A verdadeira felicidade não
está vinculada somente
às circunstâncias boas

de suas quatro filhas naquele fatídico naufrágio, ele pediu para ser levado ao local aonde o navio que as conduzia afundara. Enquanto estava a bordo de uma embarcação açoitada pelas ondas, o Deus que inspira canções de louvor nas noites escuras colocou em seu coração essa sublime composição. Então, ele faz sua alma desabrochar para cantar, inspirado no nome do barco que conduzia a sua família – o *Ville de Havre* expressão francesa que significa "sou feliz":

"Sou feliz"

Se paz a mais doce me deres gozar,
Se dor a mais forte sofrer,
Oh, seja o que for, tu me fazes saber
Que feliz com Jesus sempre sou!
Sou feliz com Jesus,
Sou feliz com Jesus, meu Senhor!
Embora me assalte o cruel Satanás
E ataque com vis tentações;
Oh! Certo eu estou, apesar de aflições
Que feliz eu serei com Jesus!
Meu triste pecado, por meu Salvador,
foi pago de um modo cabal!
Valeu-me Senhor, oh, mercê sem igual!

Sou feliz, graças dou a Jesus
A vinda eu anseio do meu Salvador,
Em breve virá me levar
Ao Céu, onde eu vou para sempre morar
Com remidos na luz do Senhor!

De modo semelhante, prezado leitor, muitos outros hinos, livros e trabalhos foram realizados quando seus autores passaram por tremendas angústias e tribulações. Jó e Spafford, mesmo enfrentando terríveis provações, como a morte dos filhos, a perda da saúde, a derrocada financeira e a rejeição dos amigos, bendisseram ao Senhor. Mesmo nas noites mais escuras de sua alma, ainda brotou de seus lábios cânticos de louvor. Sim, a verdadeira felicidade não está vinculada somente às circunstâncias boas.

4

Felicidade rima com eternidade

A felicidade do cristão, como vimos no capítulo anterior, coexiste com a dor, pois é temperada com lágrimas e floresce no canteiro do sofrimento. A felicidade de quem crê no Senhor é imperativa; ela não depende das circunstâncias, posto que é centrada na pessoa de Jesus Cristo. É claro que essa felicidade não é ausência de aflição; tampouco a ocorrência apenas de coisas boas. Definitivamente não – afinal, todos temos visto, dentro e fora da Bíblia Sagrada, histórias de pessoas que, embora marcadas de modo cruel pela dor, não perderam sua razão de viver. Nossa razão de viver é em Jesus! É por isso que podemos erguer a bandeira da felicidade e dizer, a despeito de quaisquer circunstâncias, que nós somos o povo mais feliz da Terra.

Dentre as muitas razões que poderíamos apontar para confirmar tal afirmação – que pode parecer ousada –, as principais estão estabelecidas na Palavra de Deus. Veremos quais são nas páginas que se seguem. Neste capítulo, convido você a examinar comigo o texto de Deuteronômio 33:24-29, pois nele estão fincadas as duas colunas que sustentam a nossa felicidade.

A primeira delas é a singularidade do nosso Deus. Esse fato está claro em Deuteronômio 33:26, quando Moisés escreve: "Não há outro, ó amado, semelhante a Deus". A unicidade de Deus é a diferença essencial entre a verdade da fé cristã e as outras crenças. A humanidade, em sua cegueira espiritual, adora a muitos deuses. Só na Índia, venera-se cerca de 360 milhões deles – há quase um milhão de divindades a serem adoradas e servidas a cada dia do ano. Outros povos praticam cultos politeístas, nos quais o objeto da devoção pode ser animal, vegetal ou uma força da natureza. No Oriente, prevalecem filosofias que prometem levar o seguidor à iluminação através da meditação e da observação de regras rígidas de disciplina espiritual, enquanto, em boa parte da Europa, o homem parece estar se tornando o deus de si mesmo.

Em sua procura ancestral pela divindade, os homens criam deuses conforme seus anseios e expectativas – e, com isso, justificam seus próprios atos e erros. Isso vem de longe. No Antigo Egito, por exemplo, uma série de criaturas como bois, gatos e aves eram associadas a seres sobrenaturais. Já na Grécia Clássica, havia deuses no Panteão para todos os tipos de comportamento humano, inclusive práticas reprováveis, como a embriaguez ou a libertinagem sexual. Em Atenas, a capital intelectual do mundo, a terra de Péricles, Sócrates, Platão e Aristóteles, o território dos grandes luminares do saber humano, havia uma floresta de imagens. Plínio disse, no primeiro século, que havia mais de 30 mil estátuas dedicadas aos deuses em Atenas. Suetônio afirmou que era mais fácil encontrar um deus em Atenas do que um homem. A refinada cultura intelectual dos atenienses não os livrou da densa cegueira espiritual.

O que falta no mundo, definitivamente, não é religião. Há milhares de credos e sistemas sagrados espalhados entre todos os povos. Desde os tecnocratas dos grandes centros urbanos até os indígenas da mais remota tribo, todo ser humano tem um senso do sagrado. Todavia, vemos que a humanidade parece caminhar a passos largos para a própria destruição. Portanto, não é a religião que leva o homem à felicidade plena. Sabemos, como cristãos e à luz da Escritura, que os deuses dos povos são ídolos vãos, criados pela imaginação humana ou pela astúcia de Satanás. Eles nada veem, nada sabem e

A felicidade de quem crê no Senhor é imperativa; ela não depende das circunstâncias, posto que é centrada na pessoa de Jesus Cristo nada podem. Têm boca, mas não falam; têm olhos, mas não enxergam; têm pés, mas não andam. Esses deuses precisam ser carregados para lá e para cá por seus devotos e, muitas vezes, devem ser alimentados através de oferendas. São um verdadeiro fardo para aqueles que os adoram.

Mas a humanidade foi além de, simplesmente, criar deuses conforme seus desígnios. Entorpecida pelo engano do pecado, transforma o Deus verdadeiro em alguém semelhante aos homens – ou pior, assemelhando o Criador dos céus e da terra a quadrúpedes e répteis. Até mesmo entre os hebreus que saíram do Egito houve episódios de profanação explícita, como quando o povo curvou-se diante de um bezerro de ouro, aos pés do Sinai.

No Brasil, é notória a crendice. Nosso povo, em geral, é muito chegado a uma superstição e não hesita em aproximar-se de uma nova crença ou filosofia religiosa quando as coisas apertam ou estão em busca de alguma graça. O sincretismo, por sua vez, associa os santos tradicionais do catolicismo aos orixás do candomblé, o que resulta em um caldo religioso difuso e obscuro. Muitas pessoas acreditam na reencarnação, na comunicação entre vivos e mortos e na influência dos astros sobre nossa vida.

A cada fim de ano, as praias são ocupadas por fiéis das crenças afro-brasileiras em homenagem aos supostos espíritos do mar. Em setembro, multidões tomam as ruas, distribuindo doces em honra aos santos de crendice popular. Contudo, a Bíblia é clara: não há um Deus semelhante ao Senhor. Ninguém pode se comparar a Ele! Só há um Deus vivo e verdadeiro; o Deus que é autoexistente, infinito, imenso, eterno, imutável, onipotente, onisciente, onipresente, transcendente e soberano. Ele é o Criador e o sustentador da vida. Ele é o Salvador e o consolador. Em Deus, nós vivemos, nos movemos e existimos. E precisamos Dele para sermos verdadeiramente felizes. No Salmo 42:1, lemos: "Como suspira a corça pelas correntes das águas, assim, por ti, ó Deus, suspira a minha alma". Precisamos de Deus. Do verdadeiro Deus.

Nossa felicidade é completa em Deus, também, porque Ele é inimitável em sua perfeição. Moisés, inspirado pelo Espírito Santo, fala sobre a natureza divina: "O Deus eterno é a tua habitação e, por baixo de ti, estende os braços eternos" (Deuteronômio 33:27). Ele não teve começo. Ele jamais terá fim. Ele é Deus, de eternidade a eternidade. A eternidade é um atributo exclusivo de Deus, e, por meio da salvação oferecida pelo sacrifício de Cristo na Cruz do Calvário, o homem pode herdar a vida eterna – porém, nós tivemos de ser criados. Deus, não; Ele é o mesmo ontem, hoje e sempre. Ele não foi criado; antes, é o Criador de todas as coisas. O Senhor não passou a existir a partir de determinado momento como nós – Ele é antes de todas as coisas. Ele é o grande "Eu Sou", o Pai da eternidade, aquele que trouxe à existência as coisas que não existiam. Antes do tempo, na eternidade passada, Deus estava lá; e, quando o tempo chegar à sua consumação, na eternidade futura, o Eterno estará lá, pois é Deus: de eternidade a eternidade.

Nós não podemos entender a eternidade. Nossa mente finita não é capaz de compreender a ideia tão vasta de algo que jamais terá fim. A noção de eternidade passada e eternidade futura ajuda um pouco, mas, para Deus, isso não existe. Ele é o eterno agora, sem começo, sem meio, sem fim. Nenhum outro deus é como o nosso Deus nesse quesito. Somente Ele existe desde sempre, e apenas Ele existirá depois. Só Ele criou todas as coisas e trouxe à existência outras que não existiam, conforme a Bíblia nos revela. Ele sustenta o universo em suas mãos e governa os Céus e a Terra, a ponto de nenhuma folha de árvore ou nenhum fio de nosso cabelo cair sem que Ele saiba e permita.

O Deus pleno e absoluto, que habita em um alto e sublime trono, conforme a descrição do profeta Isaías, é o mesmo que habita conosco

Falar da natureza e dos atributos de nosso Deus é maravilhar-se com sua grandeza e poder! O Senhor é aquele que controla, rege, domina e governa os Céus e a Terra. É o Deus que pôs limite às águas do mar e que é capaz de chamar todas as estrelas, cada uma pelo nome. É o Deus que alimenta as aves dos céus e veste com beleza incomparável os lírios do campo. E esse Deus, pleno e absoluto, que habita em um alto e sublime trono, conforme a descrição do profeta Isaías, é o mesmo que habita conosco (Isaías 57:15). É o Deus que sabe o seu nome e conhece a sua alma. É o Deus que conhece o seu presente, o seu passado – e também decifra o seu futuro. É o Deus salvador. É o Deus consolador. É o Deus amigo. É o Deus conselheiro. É o Deus que enxuga as lágrimas. É o Deus que está presente em todos os lugares. Não há Deus como o nosso Deus. Por isso, nós somos um povo feliz.

5

Felicidade que o ouro não compra

Moisés, um dos maiores líderes da história de Israel, teve muitas experiências na vida. Como qualquer um de nós, experimentou vitórias, mas teve de sorver, também, do cálice da angústia. Por tudo que viveu – e sua vida foi longa, tendo alcançado, segundo a Bíblia, a idade de 120 anos –, é de se supor que ele tenha buscado a felicidade, como qualquer pessoa – na família, no trabalho, na vida comunitária, na fé... Vejamos o que ele diz em Deuteronômio 33:26: "Não há outro, semelhante a Deus, que cavalga sobre os Céus para a tua ajuda e com a sua alteza sobre as nuvens". Ele está assentado sobre um alto e sublime trono, diante do qual os reis da Terra se prostram. Diante do Altíssimo, toda força se torna fraqueza e toda altivez é humilhada. O Senhor é incomparável, e seus atributos de soberania são exclusivos.

Mesmo com todo o Seu poder e santidade, o nosso Deus é por nós e não contra nós. Ter esse Deus tão absoluto ao nosso lado é um grande motivo para nossa felicidade. Moisés percebeu isso, e exultou em Sua presença. Essa figura bíblica de que o Senhor cavalga sobre os Céus nos traz a ideia de que Deus é sobre tudo e sobre todos. Com efeito, todas as coisas estão debaixo dos Seus pés e sob Seu total controle. Sua autoridade e seu poder alcançam a todos e a tudo. Não há um centímetro desse vasto universo com mais de 93 bilhões de anos-luz de diâmetro onde Deus não seja o soberano Senhor. Ele governa cada partícula do cosmos e domina cada gota dos vastos oceanos.

Prezado leitor, tudo o que conhecemos – o universo, o cosmo e o que viermos a conhecer sobre qualquer ponto da eternidade futura – é apenas parte da imanência de Deus. É aquilo que Ele nos revela: o universo, a sua Palavra. Porém, você consegue imaginar a parte que transcende a tudo isso, isto é, aquilo que Ele não nos dá a conhecer? Então, temos de lastimar e chorar a nossa miséria humana quando, ao longo da História, reis, déspotas, cientistas, filósofos e pensadores têm descartado a ideia de Deus, pedindo a Ele uma prova de Sua existência. Que maior prova pode haver, contudo, do que a obra de suas mãos? O magnífico Salmo 19, de Davi, atesta isso:

Os céus proclamam a glória de Deus, e o firmamento anuncia as obras das suas mãos.

Mesmo cercado de tanta pompa, luxo, fama e riquezas, Salomão se perdeu nos labirintos de sua própria alma

Um dia discursa a outro dia, e uma noite revela conhecimento a outra noite.

Não há linguagem, nem há palavras, e deles não se ouve nenhum som; no entanto, por toda a terra se faz ouvir a sua voz, e as suas palavras, até os confins do mundo. Aí, pôs uma tenda para o sol.

Outro notável autor bíblico, o rei Salomão – tido, pela própria Bíblia, como o homem mais sábio de seu tempo –, também fez muitas reflexões sobre a vida e o sentido dela. Entregue às cogitações de seu coração, numa conversa consigo mesmo, disse: "Vamos! Eu te provarei com a alegria; goza, pois, a felicidade; mas também isso era vaidade" (Eclesiastes 2:1). Salomão foi o homem mais rico de sua geração. Sua fama era notória; seu poder, enorme, a ponto de ser reconhecido por outras nações. Em seu reinado, Israel era uma nação próspera, e ele mesmo habitava um belo palácio, rodeado de cortesãos, esposas e concubinas. Porém, mesmo cercado de tanta pompa, luxo, fama e riquezas, Salomão se perdeu nos labirintos de sua própria alma.

Enfastiado com o glamour do mundo, o rei procurou a felicidade em fontes onde ela não estava presente. Como muitos fazem, ele buscou a realização nos bens materiais, conforme Eclesiastes 2:4-8:

Empreendi grandes obras; edifiquei para mim casas; plantei para mim vinhas.

Fiz jardins e pomares para mim e nestes plantei árvores frutíferas de toda espécie.

Fiz para mim açudes, para regar com eles o bosque em que reverdeciam as árvores.

Comprei servos e servas e tive servos nascidos em casa; também possuí bois e ovelhas, mais do que possuíram todos os que antes de mim viveram em Jerusalém.

Amontoei também para mim prata e ouro e tesouros de reis e de províncias; provi-me de cantores e cantoras e das delícias dos filhos dos homens: mulheres e mulheres.

Engrandeci-me e sobrepujei a todos os que viveram antes de mim em Jerusalém; perseverou também comigo a minha sabedoria.

Tudo quanto desejaram os meus olhos não lhes neguei, nem privei o coração de alegria alguma, pois eu me alegrava com todas as minhas fadigas, e isso era a recompensa de todas elas.

Que descrição de felicidade, não é mesmo? Ele acumulou bens e granjeou fortunas colossais. Vestia-se regiamente, e estava cercado de ouro e pedras preciosas. Contudo, após enumerar todas as coisas que fizera, conquistara ou comprara, Salomão se revela enfastiado. A certa altura, ele percebeu, como todo ser humano, que o brilho da riqueza não passa de ilusão: tem muitas luzes e cores, mas pouca consistência no que se refere à satisfação da alma. Salomão, o homem mais rico de sua geração, não encontrou na riqueza a verdadeira felicidade. A opulência material é, ainda hoje, a alavanca que move as pessoas e o vetor que governa muitos corações. Quantos relacionamentos são sacrificados! Quantas injustiças são feitas! Quantos crimes são praticados por causa do amor ao dinheiro! Por amor ao dinheiro muitos se casam e se divorciam. Por amor ao dinheiro, muitos matam e morrem. Por amor ao dinheiro, muitos corrompem e são corrompidos. O dinheiro é o ídolo mais adorado dos últimos séculos. O dinheiro é o maior feitor de escravos de nosso tempo.

Em segundo lugar, o rei Salomão buscou a felicidade na bebida (Eclesiastes 2:3). Contudo, ele mesmo escreveria mais tarde que a alegria do vinho é passageira e as consequências da embriaguez, danosas. Muitos, ainda hoje, se entregam ao álcool em busca de uma fuga ou de momentos de êxtase e acabam encontrando a dissolução: destroem sua família, sua reputação e seu emprego. A alegria etílica evapora rapidamente, pois não é capaz de suportar as crises da vida. A verdadeira alegria está em Deus. Só na presença de Deus há plenitude de alegria e delícias, perpetuamente.

Mas Salomão também procurou a felicidade plena no amor das mulheres. Ele teve centenas delas, entre esposas e concubinas, em um arranjo social que hoje nos parece estranho, mas era aceitável na Antiguidade, sobretudo em se tratando de monarcas. Todavia, as aventuras românticas e as paixões carnais não preencheram o vazio do seu coração. Hoje, de acordo com a lei da maioria dos povos, um homem não pode ter mais de uma mulher – porém, vivemos em uma sociedade erotizada, em que o sexo inconsequente é não apenas valorizado, como também incentivado. A indústria pornográfica move bilhões de dólares todos os anos. Quanto mais, porém, as pessoas se entregam às aventuras sexuais, mais infelizes e vazias elas se tornam. O sexo é bom, puro e deleitoso, mas só é legitimamente usufruído no âmbito santificado do matrimônio. Dentre suas mil mulheres, Salomão não encontrou nenhuma companheira de verdade, porque a felicidade não está na multiplicidade de parceiros sexuais, mas sim na fidelidade do casamento monogâmico.

Em quarto lugar, Salomão procurou a felicidade na fama (Eclesiastes 2:9-10). Ele tornou-se grande e

A verdadeira alegria está em Deus. Só na presença de Deus há plenitude de alegria e delícias, perpetuamente seu trono se fez conhecido e respeitado no mundo da época. O rei abasteceu seu coração com tudo o que desejou seus olhos; porém, no fim de sua vida, Salomão reconheceu que todas essas coisas não passaram de vaidade. Multidões e multidões, ainda hoje, trafegam na passarela da fama, sob as luzes da ribalta. Chegam ao topo de suas realizações e conquistas; tornam-se famosos, são conhecidos e reconhecidos, mas todo esse glamour não preenche o vazio do coração, não satisfaz aos reclamos da alma ou produz verdadeira felicidade. Salomão transcendeu a todos os de sua geração em esplendor. O mundo inteiro olhava para ele com admiração. Provavelmente, todos apostavam que ele era o homem mais feliz do mundo. Porém, inobstante estar cercado de riqueza, fama e glória humanas, o terceiro rei de Israel nutria em seu coração uma tristeza crônica, pois a alegria que o mundo dá é rasa, passageira e insuficiente.

Agostinho de Hipona (354-430), considerado um dos mais importantes pais da Igreja disse que Deus nos criou para Ele e que, somente na presença do Senhor, encontraremos sentido para nossa vida. Você é uma pessoa feliz? Onde você está buscando a felicidade? Pare de correr de um lado para o outro. A verdadeira felicidade está em Deus, e Nele somente!

6

Felicidade é harmonia nas relações

Jesus falou sobre a felicidade no sermão das bem-aventuranças, registrado em Mateus 5:1-12. A palavra grega *makários* ("bem-aventurado") significa feliz, muito feliz. Trata-se da felicidade plena, aquela que inunda o nosso ser, apesar das circunstâncias. Como já enfatizamos, o problema do homem não é a busca da felicidade, mas o contentar-se com uma suposta felicidade que nada mais é do que experimentar momentos de satisfação – algo terreno, momentâneo. Deus nos criou e nos salvou para a maior das felicidades: a de conhecê-Lo e de viver para Ele. Já vimos que, conforme Salomão frisou, a felicidade verdadeira não está nas coisas, mas em Deus. É na presença do Senhor que existe plenitude de alegria. Por isso, o propósito principal da nossa vida é conhecer a Deus e usufruir da Sua intimidade.

Na sua relação de bem-aventuranças (ou de "felicidades"), Jesus nos fala sobre um correto relacionamento com Deus, com nós mesmos e com o próximo.

Somos felizes quando nossas relações estão harmonizadas em três níveis de relacionamentos. Em primeiro lugar, a felicidade consiste numa correta relação com Deus. As duas primeiras bem-aventuranças falam, justamente, de uma correta maneira de nos aproximarmos do Senhor. Na equação divina, que subverte a lógica meramente humana, feliz é o humilde de espírito e bem-aventurado o que chora. Esses conceitos estão na contramão dos valores do mundo atual, que dá importância à arrogância e ao alto conceito de si mesmo. O detalhe é que a palavra grega que define o que conhecemos como "humilde" é *ptokós*, que significa pobre, carente, desprovido completamente dos bens mais necessários.

Feliz é o homem que se aproxima de Deus sabendo de sua total falência espiritual e, nessa condição, agarra-se à graça de Deus. A palavra usada para "choro" é a mais forte do vocabulário grego. Era empregada para descrever o pranto pela perda de um ente querido. Trata-se de um choro profundo, doloroso e amargo. Feliz é aquele que chora pelos seus pecados e sente tristeza diante de Deus pelas mazelas do seu coração. Aqueles que se aproximam do Senhor, conscientes de sua total necessidade e lamentando pelos seus pecados, são muito felizes – e sua felicidade consiste

Somos felizes quando nossas relações estão harmonizadas

em receber perdão, consolo e, também, a herança do Reino dos Céus.

A felicidade consiste, também, numa correta relação com nós mesmos. Jesus disse que os mansos e os puros de coração são bem-aventurados. Uma pessoa mansa tem controle de si mesma. A palavra grega *praus* era usada para definir um animal domesticado. Ele tem força, mas usa esse poder para o bem, e não para o mal. Uma pessoa que não tem domínio próprio arruína sua própria existência, bem como a vida dos outros. Alguém feliz, igualmente, cuida da fonte de sua própria alma; vela pela pureza do seu coração. A felicidade não está nas delícias do mundo. Claro, elas podem trazer muita satisfação e prazer, mas nenhuma felicidade verdadeira.

A parábola do filho pródigo, contada por Jesus aos seus discípulos, demonstra isso. De acordo com o Mestre, havia um homem rico, que tinha dois filhos. Um belo dia, o mais novo pediu a parte que lhe cabia na herança para aventurar-se pelo mundo. O detalhe é que o pai poderia ter se recusado, já que não é normal alguém receber herança de um parente vivo. Mesmo assim, numa simbologia que se refere à liberdade que Deus nos outorgou para que fizéssemos nossas escolhas, aquele pai aquiesceu e dividiu

A felicidade não está nas delícias do mundo. Alguém feliz cuida da fonte de sua própria alma; vela pela pureza do seu coração seus bens entre os filhos, embora, certamente, a contragosto. Aquele jovem da parábola pensou que o mundo, com seu brilho e glamour, era o palco da verdadeira felicidade. Porém, passado um tempo, ele consumiu todos os seus recursos e acabou cuidando de porcos, trabalho humilhante para a época. Por fim, arrependido, volta para casa e é acolhido com misericórdia pelo pai.

Em terceiro lugar, a felicidade consiste numa correta relação com o próximo. Jesus aborda as três últimas bem-aventuranças falando de nosso trato com o semelhante. De acordo com o Filho de Deus, felizes são os misericordiosos, os pacificadores e os perseguidos por causa da justiça. A felicidade não está em explorar o próximo, mas em servi-lo. A felicidade não está em destruir o próximo ou cavar abismos para separar as pessoas, mas em construir pontes de reconciliação entre elas. A felicidade não está em sofrer ou impor sofrimento a alguém pela prática da injustiça, mas praticar a retidão e estar disposto a ser perseguido por essa causa. Assim, os misericordiosos alcançarão misericórdia; os pacificadores serão chamados filhos de Deus; e os perseguidos por causa da justiça receberão a herança do Reino dos Céus. Haveria razões mais eloquentes para sermos felizes? É preciso, à luz do que foi exposto, perguntar: Você é uma pessoa feliz? Você teria condições de colocar a sua fotografia na moldura das bem-aventuranças?

7

Felizes são os mansos e os que choram

Em seu célebre sermão do monte, Jesus se posiciona na contramão do sentido comum acerca da felicidade. Imaginemo-nos sob o sol ameno da Galileia, em uma elevação com vista privilegiada para o lago que, tantas vezes, ele atravessou com seus discípulos. Agora, eles estão cercados por uma multidão ávida por esperança. O contexto é desanimador: a nação de Israel acha-se dominada e ocupada por um povo gentio – os romanos –; há pobreza por toda parte. A religião já não lhes dá mais ânimo, como no passado de conquistas; agora, um clero corrompido e impiedoso dita normas impossíveis de se atingir e os judeus encontram-se em um dos piores momentos de sua história.

Surge, então, um jovem rabi que traz palavras de conciliação, esperança e prosperidade. Em pouco tempo, multidões passam a segui-lo. Muitos, é verdade, estavam mais interessados nos milagres praticados pelo Mestre. Não fora Jesus, afinal de contas, que levantara paralíticos, devolvera a visão aos cegos e multiplicara pães para os famintos? E quando ele comandou aquela que deve ter sido a mais bem-sucedida pescaria de seus discípulos, abarrotando-lhes o barco de peixes? Ali mesmo, no lago, ele seria visto caminhando sobre as águas em tormenta. Agora, Jesus de Nazaré reunira seus seguidores e passava a lhes falar sobre as bem-aventuranças. Seria, finalmente, a receita da felicidade?

Todavia, o rumo da conversa do Filho do homem parece estranho. Jesus enfatiza que feliz é o pobre, o que chora, o manso, o puro, o perseguido. Segundo ele, bem-aventurado é o pobre de espírito, e não a pessoa autossuficiente, arrogante e soberba. Ali está o chamado Cristo dizendo que mais felizes são os que choram – e não por felicidade, mas diante dos paradoxos e das injustiças deste mundo. Aliás, aqueles que têm fome e sede de justiça é que serão fartos, nas palavras do carpinteiro de Nazaré. Jesus diz que bem-aventurado é o perseguido por causa da justiça, e não aquele que procura levar vantagem em tudo.

O Filho de Maria, já então uma celebridade, segue dizendo que bem-aventurado é o manso, aquele que abre mão de seus direitos se necessário. Para o Salvador, bem-aventurado é o pacificador, o que

Jesus enfatiza que feliz é o pobre, o que chora, o manso, o puro, o perseguido. Segundo ele, bem-aventurado é o pobre de espírito, e não a pessoa autossuficiente, arrogante e soberba não apenas evita contendas, mas busca apaziguar os ânimos exaltados. Àquela altura, muitos deveriam estar se entreolhando, decepcionados. Que fórmula de felicidade era aquela? Como se conformar com a situação que estavam vivendo, sem recursos, sem liberdade e sem soberania?

Certamente sabendo do que lhes passava no coração e na mente, Jesus segue, impassível. Sua voz era ouvida a distância, ecoando nos ouvidos e nas consciências. Ele, agora, afirma que bem-aventurado é o puro de coração, e não aqueles que se banqueteiam com todos os prazeres do mundo. "Quem ganha a sua vida, a perde; mas, o que a perde, esse é o que ganha", enfatiza. Um murmúrio baixo circula entre a multidão. Como assim? Se a palavra de cruz é loucura para os que se perdem, como Paulo escreveria anos depois, difícil é entender que a dinâmica do ensino de Jesus não faz sentido para este mundo, mas refere-se ao Reino que ele veio anunciar – o de Deus. Os humildes serão exaltados; e os arrogantes, humilhados.

Subvertendo a lógica, Jesus não disse que bem-aventurados são os ricos. A felicidade oferecida por ele está centrada em coisas eternas. As riquezas não satisfazem. Deus colocou a eternidade no coração do homem. Nem todo o ouro da terra poderia preencher

Subvertendo a lógica,
Jesus não disse que
bem-aventurados são
os ricos. A felicidade
oferecida por ele está
centrada em coisas eternas.
As riquezas não satisfazem

o vazio da alma. A verdadeira felicidade está centrada não na posse das bênçãos, mas na fruição da intimidade com o abençoador. Para alcançar a felicidade, não basta posse, mas deleite. Um homem pode morar num palácio e não ter prazer nele. Um monarca pode dominar impérios e não ter paz na alma. Somente Deus é o descanso da alma humana, como dito em Salmos.

No sermão do monte, o Filho de Deus estabeleceu um marco. Antes e depois daquele encontro na colina da Galileia, a humanidade já não seria a mesma. Dali em diante, o ser humano teria possibilidade de encontrar a verdadeira felicidade. Ela não é, apenas, uma promessa para o futuro, mas uma realidade para o presente. A despeito das condições desta vida – e os ouvintes de Jesus, naquele dia memorável, tinham todos os motivos para a desesperança –, a felicidade é possível. Os crentes não serão felizes apenas quando chegarem ao Céu; eles podem sê-lo aqui e agora, antes mesmo de serem coroados por seu Senhor. Eles são felizes não apenas na glória, mas a caminho dela.

8

Felizes são os simples de espírito

Vimos, no último capítulo, que a felicidade cristã não é para ser desfrutada apenas no Céu; mas agora mesmo, enquanto estamos a caminho dele. Por isso, o povo de Deus deve ser o mais feliz da Terra. Moisés cria nisso a ponto de exclamar: "Feliz és tu, ó Israel! Quem é como tu? Povo salvo pelo Senhor, escudo que te socorre, espada que te dá alteza" (Deuteronômio 33:29). É o Senhor que nos oferece uma existência de realizações, aqui e agora. Com efeito, não devemos, segundo o próprio Cristo, valorizar demais as coisas deste mundo. Mas é muito reducionista a pregação evangélica que projeta somente para a eternidade a felicidade do cristão.

A expressão grega *makários* – que, já vimos, significa algo como "bem-aventurado"– descreve uma felicidade permanente, que não sofre variações. É uma alegria que não pode ser destruída pelas circunstâncias da vida. Jesus disse: "A vossa alegria, ninguém poderá tirar" (João 16:22). É a felicidade que existe mesmo na dor, na perda, na doença e no luto. É o gozo que brilha através das lágrimas e que nada, nem a vida nem a morte, pode tirar. Paulo, referindo-se a ela, escreveu aos cristãos de Roma: "Quem nos separará do amor de Cristo?". E segue, enumerando uma série de circunstâncias que, à primeira vista, são capazes de derrotar o ser humano: tribulação, angústia, perseguição, fome, nudez, perigo, espada. "Mas, estou bem certo de que nada neste mundo poderá nos afastar do amor de Deus que está em Cristo" (Romanos 8:35-39).

Jesus prossegue em seu discurso no monte, chamando de bem-aventurados os pobres de espírito. Pobreza, por óbvio, é o oposto de riqueza – e ainda quão ricos são aqueles que possuem o Reino! A pobreza de espírito é uma espécie de "senha" para a entrada em todas as demais bênçãos. Entramos no Reino e o Reino entrou em nós (Lucas 17:21). Estamos no mundo, mas não somos do mundo. Nascemos de cima, do alto, do Espírito. Estamos passando por lutas, mas já estamos abençoados com toda sorte de bênção em Cristo.

Mas o que significa, no contexto cristão, ser pobre de espírito? Não significa, em absoluto, pobreza financeira. Francisco de Assis (1182-1226), sacerdote

Ser pobre de espírito é a
nossa verdadeira riqueza.
A plenitude de Cristo
só pode ser apropriada
pelos pobres de espírito

italiano que é considerado santo pela Igreja Católica Romana, foi o patrono daqueles que pensaram que renunciar às riquezas financeiras para viver na pobreza ou em uma vida monástica dava crédito ao homem diante de Deus. Outras correntes religiosas dizem o mesmo. Sidarta Gautama, o Buda, disse que o sofrimento humano tem como uma das causas o apego aos bens materiais; logo, quanto mais desprendidos fôssemos, mais felizes seríamos. Contudo, a pobreza, em si, não é um bem, assim como a riqueza, em essência, não é um mal. Uma pessoa pode ser pobre financeiramente e não ser pobre de espírito. A pobreza financeira pode ser fruto da obra do Diabo, da exploração, da ganância e da preguiça. Por outro lado, temos visto pessoas abastadas que desenvolvem a virtude da simplicidade e do desapego.

Simplicidade de espírito não significa, por outro lado, ter uma vida espiritual pobre. Jesus, em momento algum, elogia aqueles que são espiritualmente pobres, descuidados com a vida espiritual. Ser pobre em santidade, verdade, fé e amor é uma grande tragédia. Por isso, o Filho de Deus reservou palavras duras à igreja de Laodiceia: "Sei que tu és pobre, miserável, cego e nu" (Apocalipse 3:17). Tampouco tem a ver com baixa autoestima. Jesus não está falando que as pessoas que pensam menos de si mesmas são felizes. Baixa autoestima não é um bem, mas um mal. Não significa, ainda, timidez ou fraqueza. Ser indeciso ou frágil emocionalmente não é a virtude da verdadeira simplicidade de espírito.

Ser pobre de espírito é a base para as outras virtudes. A primeira bem-aventurança é o degrau inicial da escada. Se Jesus começasse com a pureza de coração, não haveria esperança para nós. Primeiro, precisamos estar vazios, para depois sermos cheios – por isso, não podemos ser cheios de Deus enquanto não formos esvaziados de nós mesmos. Essa virtude é a raiz; as outras são os frutos. Uma pessoa não pode chorar pelos seus pecados até saber que não tem méritos diante de Deus. Da mesma forma, ninguém jamais sentirá fome e sede de justiça, a não ser que saiba que carece totalmente da graça.

Ser pobre de espírito é reconhecer nossa total dependência de Deus. No grego, idioma original do Novo Testamento, há duas palavras para designar pobreza. *Penês* é o homem que precisa trabalhar para ganhar a vida, aquele que não tem nada que lhe sobre. É o homem que não é rico, mas que também não padece necessidades: não possui o supérfluo, mas tem o básico. Já o vocábulo *ptokós* descreve a pobreza absoluta e total daquele que está afundado na miséria. É o mendigo, o indigente, o extremamente necessitado, que não tem nada. Pois essa segunda é a palavra que Jesus usou para definir pobreza de espírito. Feliz é o homem que reconhece sua total carência e coloca sua confiança em Deus. Feliz é o homem que reconhece que o dinheiro, o poder e a força não significam nada; mas o Senhor, sim, representa tudo.

Ser pobre de espírito é agir como o publicano: "Senhor, compadece-te de mim, um pecador". João Calvino, um dos maiores expoentes do movimento da Reforma Protestante do século XVI, disse: "Só aquele que, em si mesmo, foi reduzido a nada, e repousa na misericórdia de Deus, é pobre de espírito". Grandes personagens, tidos como heróis bíblicos, rasgaram o próprio coração diante do Deus Todo-Poderoso. Moisés, ao ser chamado por Deus para a grandiosa obra de libertação do povo hebreu da escravidão sob o jugo dos egípcios, reconheceu: "Senhor, quem sou eu; sequer sei falar". Isaías, o célebre profeta palaciano que confrontou os poderosos iníquos de seu tempo, clamava: "Ai de mim, estou perdido!". Já Pedro, que se tornaria um dos líderes da Igreja primitiva, sentiu-se indigno de estar na presença do Messias: "Senhor, afasta-te de mim, porque sou pecador". Por fim, o grande apóstolo Paulo, autor de quase metade do Novo Testamento e que espalhou o cristianismo no século primeiro, referiu-se a si mesmo nestes termos: "Miserável homem que eu sou".

Ser pobre de espírito é a nossa verdadeira riqueza. A plenitude de Cristo só pode ser apropriada pelos pobres de espírito. Há aqueles que pensam que, se pudessem encher suas contas bancárias, seriam ricos. Mas aqueles que são pobres de espírito, esses é que, de fato, são opulentos. Por isso foi que, tendo repreendido os cristãos de Laodiceia, Jesus disse à igreja de Esmirna, que subsistia em meio a várias necessidades: "Conheço a tua pobreza, mas és rica".

Ser pobre de espírito é a verdadeira joia que o cristão deve usar. Primeiro, o homem se torna pobre de espírito; depois Deus o enche com sua graça e felicidade. Enquanto não formos verdadeiramente pobres de espírito, jamais Cristo será precioso para nós. Enquanto não enxergarmos nossa própria miséria, jamais veremos a riqueza que temos em Cristo. Enquanto não nos reconhecermos perdidos, não buscaremos o verdadeiro refúgio em Cristo. E, enquanto não reconhecermos a miséria do nosso pecado, jamais buscaremos o perdão e a graça de Cristo. Aqueles que abrigam sentimentos de autossuficiência e se sentem

Feliz é o homem que reconhece que o dinheiro, o poder e a força não significam nada; mas o Senhor, sim, representa tudo saciados jamais terão sede de Deus. Aqueles que se sentem cheios de si mesmos não poderão ser supridos pelo Senhor. Quem pensa estar são não precisa de médico, mas sim os doentes.

Uma pessoa pobre de espírito não tem nada a exigir, merecer ou reivindicar. Ela se vê desamparada até refugiar-se em Cristo, e não encontra a felicidade até estar firmada na rocha que é Cristo. Somente quando estamos desprovidos de toda vaidade, acharemos a verdadeira graça. Mesmo sendo um homem reconhecidamente piedoso e que se desviava do mal – qualidades que o próprio Deus anunciou diante de Satanás a seu respeito –, Jó suportou um peso enorme de tribulações, angústias e perdas. Além de todos os seus bens, ele perdeu os filhos e a própria saúde, mas não se encontraram em sua boca palavras de lamentação. Ao contrário: "Por isso, me abomino e me arrependo no pó e na cinza" (Jó 42:6). Quanto mais graça alcançamos, mais humildes devemos ser, porque somos, sempre, devedores ao Senhor.

Ao mencionar a simplicidade de espírito como condição para recebermos o favor divino – e, por extensão, a felicidade –, o Filho de Deus nos ensina a aquietar a nossa alma e a encontrar o caminho sobremodo excelente. Cristo nos mostra que a verdadeira felicidade está no ser, e não no ter. No dia em que chegarmos a tal compreensão, mudaremos nosso modo de viver e de nos relacionarmos com o próximo e com o Senhor. Então, chegaremos à verdadeira felicidade preconizada por Jesus – a dos simples, que herdarão a terra.

Ao mencionar a simplicidade de espírito como condição para recebermos o favor divino – e, por extensão, a felicidade –, o Filho de Deus nos ensina a aquietar a nossa alma e a encontrar o caminho sobremodo excelente

9

Mansidão, condição para a felicidade

Mansidão é um dos frutos da ação do Espírito Santo na vida do cristão, conforme Paulo deixa claro, em Gálatas 5:22. Nas palavras de Jesus, felizes são os mansos, porque herdarão a terra. Essa bem-aventurança, embora essencial, está na contramão dos valores do mundo. A humanidade pensa em termos de força, de poderio militar, bélico, econômico, político. Quanto mais agressivo, mais forte; essa é a equação secular. Jesus, porém, diz que não são os fortes e os arrogantes que são felizes, mas sim os mansos. Ser cristão é ser totalmente diferente. Somos novas criaturas no Senhor e temos uma nova vida, um novo nome, uma nova mente, um novo Reino.

Jesus se definiu como alguém manso e humilde de coração (Mateus 11:29). Na verdade, essa sua característica foi uma grande decepção para a maioria dos judeus. Subjugados pelos romanos em 63 a.C., eles esperavam um Messias que fosse seu líder político, um guerreiro que expulsasse os gentios da Terra

Santa e estabelecesse um novo reinado pela força. Naquele tempo, havia quatro grupos distintos em Israel. O primeiro deles eram os fariseus, religiosos conservadores e que esperavam um Messias milagroso. Havia, também, os saduceus. Menos rigorosos e fundamentalistas que os fariseus, eles eram liberais e esperavam um libertador mais materialista. Já os essênios eram uma seita mística. Eles viviam no deserto, por acreditar que o convívio com as outras pessoas poderia lhes trazer impurezas. Para os essênios, o Prometido de Israel deveria ser alguém com uma vida monástica, afastada do mundo. Por fim, havia os zelotes, extremistas que desejavam expulsar os romanos e estabelecer um governo nacionalista em Israel. Não por outro motivo, ansiavam pela chegada de um Messias guerreiro.

O detalhe é que, mesmo entre os discípulos de Jesus, havia certa ignorância a respeito da natureza e da missão do Filho de Deus. Perguntados pelo Mestre acerca disso, eles costumavam dar respostas disparatadas. Em muitos momentos, os apóstolos pensavam que Jesus iria conduzi-los a um reino terreno, em que houvesse paz e plenitude; de outra feita, julgaram que Ele fosse um dos grandes profetas do passado, ressuscitado para libertar sua gente. Contudo, o

Filho de Deus se encarnou em um bebê e anunciava outra proposta de vida – a de dar a outra face, andar a segunda milha, repartir o pão, perdoar as ofensas recebidas e, sobretudo, nascer de novo.

Por isso, quando Jesus falava sobre a virtude espiritual da mansidão, pouca gente o compreendia de fato. Ainda hoje, muitos têm concepções erradas acerca dela. A mansidão não é apenas uma boa índole, característica de alguém que seja educado socialmente. Ela não é um atributo externo, convencional; antes, trata-se de uma atitude interna, uma obra da graça no coração, fruto do Espírito. Charles Spurgeon, célebre pregador britânico do século XIX, dizia que "ser manso não é virtude; é graça". Ninguém é naturalmente manso. Só aqueles que reconhecem que nada merecem diante de Deus e choram pelos seus próprios pecados podem ser mansos diante de Deus e dos homens.

Há pessoas que conseguem manter a calma e o domínio próprio diante de situações adversas, mas não conseguem abrandar as chamas da alma. São como um vulcão, sempre em ebulição por dentro. Elas não explodem, mas vivem cheias de fogo no oculto. São capazes até de manter as aparências diante dos homens, mas não são calmas aos olhos de

A mansidão não é apenas uma boa índole, característica de alguém que seja educado socialmente. Ela não é um atributo externo, convencional; antes, trata-se de uma atitude interna, uma obra da graça no coração

Deus. Ser manso também não é ser tímido, covarde, medroso, fraco, indolente. As pessoas mansas foram profundamente vigorosas e enérgicas. Elas tiveram coragem para se posicionar com firmeza contra o erro; enfrentaram açoites, prisões e a própria morte por seus posicionamentos. O próprio Senhor Jesus, embora manso e humilde, não se omitiu diante do erro. Ele usou até um chicote para expulsar os vendilhões do templo, e teve coragem para morrer numa cruz, em nosso lugar.

Qual é, então, a verdadeira mansidão que, conforme Jesus, pode nos levar à felicidade? Uma pessoa mansa é como Paulo, sabe viver contente em toda e qualquer situação. Ela está sempre dando graças a Deus, sabendo que todas as coisas cooperam para o seu bem. No passado, a palavra manso era usada para descrever um animal domesticado, que perdera suas características de agressividade natural, mas preservara sua força para um fim útil. Muito tempo foi necessário para que a humanidade conseguisse domesticar animais como bovinos e equinos para seu uso como montaria ou força de tração.

O manso, portanto, é aquele que tem a própria força sob controle. Em relação aos animais, através da subjugação pelo homem; no caso dos humanos, pelo domínio próprio. O manso é aquele que não reivindica os seus próprios direitos. Nem mesmo Jesus, sendo Deus, julgou como usurpação o ser igual a Deus (Filipenses 2:6). O manso é aquele que está disposto a pagar o preço. Como Paulo escreveu aos coríntios, numa demanda entre irmãos, ele está pronto a sofrer o dano, em vez de buscar levar vantagem (1 Coríntios 6:7).

Se nós buscamos a felicidade, devemos ser mansos porque Cristo, o nosso supremo modelo, foi manso. Jesus é o homem perfeito, sendo manso e humilde de coração. Quando ultrajado, não revidava com ultraje. As palavras de seus inimigos foram mais amargas do que o fel que lhe deram na cruz, mas as palavras de Cristo foram mais doces do que o mel – foram palavras de perdão e salvação. Sim, o Salvador orou e chorou pelos seus inimigos. Cristo não nos exorta a aprender com ele a fazer milagres, a abrir os olhos aos cegos ou a levantar os mortos, embora tenha dito que seus servos poderiam fazer as mesmas obras que ele, se cressem de todo o coração. Sobretudo, porém, ele nos exorta a aprender com ele a sermos mansos. Se nós não imitarmos sua vida, não seremos salvos pela sua morte.

A mansidão é tão importante que a Escritura revela vários personagens que a tiveram como uma de

Jesus diz que os mansos são felizes, bem-aventurados; uma felicidade plena, completa, independente das circunstâncias, baseada num relacionamento íntimo e permanente com o Deus vivo suas características principais. Abraão, por exemplo, abriu mão dos seus direitos e deu a Ló a oportunidade de escolher primeiro a terra onde desejava viver, contentando-se com a que sobrou. Uma pessoa mansa abre mão do que considera seu por direito. Ela não briga pelos seus próprios direitos.

O texto de Números 12:3 diz que Moisés foi o homem mais manso da terra. Quantas injúrias ele sofreu! Quando o povo de Israel murmurava contra ele, em vez de se irar contra o povo, Moisés caía de joelhos, em oração pelo povo (Êxodo 15:24-25). E Davi, por sua vez, abriu mão da vingança contra Saul, o rei que o perseguia de maneira tresloucada. Por mais de uma vez, Davi teve a vida de Saul em suas mãos, mas não ousou matá-lo. De outra feita, um homem chamado Simei amaldiçoou Davi, mas este não permitiu que seus homens lhe tirassem a vida (2 Samuel 16:11).

Jesus diz que os mansos são felizes, bem-aventurados; uma felicidade plena, completa, independente das circunstâncias, baseada num relacionamento íntimo e permanente com o Deus vivo. Mesmo sendo estrangeiros na terra (Hebreus 11:37), os mansos são aqueles que vão herdá-la. Nesse sentido, os mansos já tomaram posse desse legado, na vida presente.

Quem tem mansidão é uma pessoa satisfeita. Ainda que nada tenha, possui tudo. Paulo diz a respeito deles: "Entristecidos, mas sempre alegres; pobres, mas enriquecendo a muitos; nada tendo, mas possuindo tudo" (2 Coríntios 6:10). Por fim, o apóstolo conclui: "Eu aprendi a viver contente em toda e qualquer situação. Eu tudo posso naquele que me fortalece" (Filipenses 4:11-13).

10

Felicidade no caminho da providência

Um lar abençoado e feliz. Quem não quer conquistar essa condição para si e para seus entes queridos? O ser humano pode ser bem-sucedido na profissão, ter saúde plena, recursos materiais e fácil acesso a tudo aquilo que se convencionou, na sociedade, como passaportes para a felicidade – bela casa, viagens, carro do ano – e, mesmo assim, viver uma situação ruim dentro da própria casa. Salomão, o sábio, bem disse: "Melhor é um pedaço de pão seco com paz e tranquilidade do que uma casa onde há banquetes, e muitas brigas" (Provérbios 17:1).

Ao longo de toda a Bíblia, encontramos relatos acerca de famílias que buscavam a felicidade. Foi assim com Abraão e Sara e, mais tarde, com Isaque e Rebeca e Jacó e Raquel. Muito tempo depois, encontramos a história de uma família nada convencional, que enfrentou uma tragédia – a morte de um homem (Elimeleque) e de seus dois filhos (Malom e Quiliom) – e teve de se reinventar, a partir da relação de uma das noras restantes (Rute) e sua sogra (Noemi), para reencontrar o caminho da felicidade. O livro de Rute, no Antigo Testamento, é um dos mais belos poemas de toda a literatura universal. É a saga de uma família temente a Deus que, em um tempo de fome e instabilidade, deixa a sua cidade em busca de sobrevivência – e encontra a própria morte. O casal Elimeleque e Noemi, com seus dois filhos, Malom e Quiliom, viviam em Belém de Judá – cidade cujo nome significa "casa do pão" e onde, muitos séculos depois, o Filho de Deus nasceria neste mundo. Era o tempo dos juízes, uma época de crises entre os hebreus e conflitos com povos hostis.

Nesse tempo, faltou pão. Em vez de buscar a direção de Deus, essa família foge para Moabe. Buscando segurança, encontraram a doença; à procura de vida, se depararam com a morte. A Bíblia diz que Elimeleque morreu, e, tempos depois, seus dois filhos – possivelmente, por alguma doença ou pelo efeito nocivo da situação que viviam. Agora, Noemi se vê só, desamparada, com duas noras viúvas, em terra estrangeira. Porém, chegou a Moabe o rumor de que Deus visitaria o seu povo, dando-lhe pão. Para Noemi, aquela boa-nova não era apenas uma questão de sobrevivência, um novo horizonte social e econômico, mas uma visitação de Deus. Ela olhava para a vida pela perspectiva divina. Noemi resolve voltar à sua terra e uma das noras, Rute, decide fazer uma aliança de fidelidade com ela. Aqui começa uma das mais belas histórias da Bíblia, com a sogra buscando reconstruir a vida da nora. Em seu coração já idoso, ela quer que Rute se case novamente, seja feliz e tenha um filho para perpetuar a memória de sua família.

Com isso, vemos que nossa felicidade precisa ser construída através do lar, da família. Muitas pessoas buscam a felicidade pensando que ela é como um tesouro que se descobre no fim da jornada. Mas a felicidade é conhecida mais em como se vive do que aonde se quer chegar. Elimeleque saiu de sua cidade – a "casa do pão" – e buscou abrigo, ao lado da família, em Moabe, entre um povo que não era o seu. Porém, não encontrou a sobrevivência nessa cidade, e sim a morte. Fugir, muitas vezes, não é a solução. Abraão desceu ao Egito, e isso lhe custou caro. Isaque queria também fugir e Deus o proibiu. Muitos, hoje, querem fugir da crise familiar, do casamento que não anda bom ou dos filhos que, em sua visão, se tornaram um peso. Porém, "descer a Moabe" pode ser um caminho de morte, e não de vida; de desespero, e não de felicidade.

A felicidade é conhecida mais em como se vive do que aonde se quer chegar

Muitos estão à procura de uma suposta felicidade que nada mais é do que manifestação do próprio egoísmo. Uma felicidade que custa o casamento e a vida dos filhos. Essa felicidade dura pouco – e, no fim, tem um sabor amargo. Quantos de nós conhecemos homens que deram tudo de si para ganhar dinheiro, mas deixaram seu casamento esfriar e acabaram nos braços de uma amante? Ou, quantas mulheres, pressionadas pelo sucesso profissional, estudam e trabalham muitas horas por dia, relegando a companhia dos filhos a um segundo plano e deixando sua educação aos cuidados de terceiros?

A Bíblia tem vários exemplos de gente que cometeu erros semelhantes. Ló, em busca de riquezas, foi para Sodoma e, lá, perdeu a família. Davi, para satisfazer um desejo sexual proibido com Bate-Seba, afundou seus filhos em uma ciranda de desavenças, conspirações e mortes. Seu filho Salomão, por sua vez, procurou a realização em seus múltiplos casamentos, mas perdeu o próprio coração e sua fé genuína em Deus. Uma pena. A verdadeira felicidade deve ser construída em torno da família. É melhor ser pobre, em meio ao amor e à harmonia, do que desfrutar de banquetes em uma casa onde há contendas.

Noemi partiu de Belém feliz e voltou amarga. Em dez anos, ela perdeu seus bens, seu marido, seus filhos e seus sonhos. Por isso, ela pensa até em trocar de nome. Nos tempos bíblicos, os nomes muito diziam acerca das pessoas. Noemi significa "feliz, alegre". Depois de tantas dores e perdas, ela quer ser chamada de Mara, que quer dizer "amargurada". Que triste fim para alguém que saíra em busca da felicidade! Os problemas da vida podem azedar a nossa alma, roubar os nossos sonhos e liquidar nossas esperanças.

Noemi pensou que Deus estava contra ela. Ela estava olhando para a vida por uma óptica distorcida. Em dado momento, só conseguia ver o que considerava como castigo de Deus, e não a Providência divina que a havia sustentado até ali. Noemi não só está triste consigo mesma – ela está frustrada com Deus. A nora Rute, por sua vez, tinha tudo para desesperar-se na vida. Ela era gentia, ou seja, não pertencia ao povo de Israel. Havia perdido o sogro, o cunhado, o marido e, ainda por cima, não tivera filhos. Para piorar as coisas, tinha ao seu lado uma sogra viúva, idosa, pobre, desamparada e estrangeira.

A certa altura, Noemi aconselha a Rute que procure outro casamento. Ela era ainda jovem e atraente, argumenta a sogra; ficar ao seu lado somente

A verdadeira felicidade deve ser construída em torno da família. É melhor ser pobre, em meio ao amor e à harmonia, do que desfrutar de banquetes em uma casa onde há contendas comprometeria o futuro dela. A verdade é que, viúva e sem filhos, Noemi pensou estar no fim da linha. Porém, quando nos sentimos assim, no fundo do poço e no esgotamento de nossos recursos, Deus pode intervir, mudando o cenário. O Senhor pode restaurar seu lar. O Senhor pode lhe fazer feliz!

Noemi não busca um marido para Rute, mas um lar. Muitos querem apenas se casar e, por isso, tomam decisões apressadas. É melhor ficar sozinho do que fazer um casamento precipitado. Ademais, Rute era moabita, devota do deus Camos, uma divindade pagã, segundo a óptica do povo hebreu. Embora não conhecesse o Deus vivo, ela deixou sua terra, sua parentela, seus deuses e abraçou a fé de sua sogra. Disse ela a Noemi: "Aonde quer que tu fores, irei também; aonde quer que pousares, ali pousarei; o teu povo é o meu povo, o teu Deus é o meu Deus. Onde quer que morras, morrerei eu e ali eu serei sepultada; faça-me o Senhor o que bem lhe aprouver, se outra coisa que não seja a morte me separar de ti" (Rute 1:16-17).

Um dos grandes problemas do casamento misto é que, primeiro, a pessoa busca o cônjuge antes de buscar a Deus. Busca a sua vontade mais do que a vontade de Deus. Porém, como Rute buscou a Deus em primeiro lugar, o Senhor lhe deu um marido crente, rico e generoso, e ela tornou-se avó de ninguém menos que o grande rei Davi, integrante da genealogia do Messias. Deus honra aqueles que o honram. O livro de Rute nos ensina que o caminho da felicidade é traçado pela mão soberana da Providência.

Rute casou-se com Boaz, um rico fazendeiro da família de Elimeleque, que se tornou o resgatador da família. Rute amou sua sogra na pobreza e na riqueza. Deu a ela um neto, que foi para ela melhor do que sete filhos. O filho de Rute, neto de Noemi, foi Obede, pai de Jessé e pai de Davi, o grande de Israel, o mais eloquente tipo do Messias.

11

Felicidade é relacionamento com Deus

Quem de nós não se sente realizado e feliz quando se sabe alvo do amor de alguém? Relacionamentos saudáveis e duradouros têm sido apontados como indicadores seguros de felicidade. Pesquisadores da prestigiada Universidade de Harvard, nos Estados Unidos, têm se debruçado sobre o tema. Um levantamento, intitulado *Study of adult development* [Estudo sobre o desenvolvimento adulto], tem acompanhado centenas de pessoas ao longo dos anos, monitorando seu estado físico, mental e emocional.

No momento, cerca de mil pessoas estão participando como voluntárias do estudo. De acordo com Robert Waldinger, atual coordenador da pesquisa, muitas conclusões já foram possíveis. Segundo ele, a qualidade dos relacionamentos é fator fundamental para a sensação de felicidade. Relações familiares, conjugais e de amizade são apontadas pelas pessoas pesquisadas como suas principais fontes de felicidade, acima até de saúde, recursos financeiros e realizações pessoais. Outro estudo, realizado pelo Centro Nacional de Pesquisa de Opinião (Norc, na sigla em inglês), também dos EUA, revelou que 40% das pessoas que se dizem "extremamente felizes" relatam um relacionamento próximo com Deus. Já entre as pessoas para quem a fé não tem maior importância, o índice de felicidade é de pouco mais da metade desse número.

No mundo conturbado em que vivemos, estar perto do Senhor nos traz uma sensação de segurança e plenitude. Sim, o Senhor é aquele que toma as nossas causas em Suas mãos. Ele se importa conosco, e luta as nossas batalhas. Segundo a Sagrada Escritura, Ele é nosso escudo e fortaleza, aquele que nos socorre nas tribulações. Este é o nosso Deus, e, por isso, aqueles que creem Nele são felizes.

Somos o povo mais feliz da Terra porque o nosso Deus é como um Pai que nos carrega no colo. Moisés diz que o Senhor é meigo e amável: "Ele estende debaixo de nós os seus braços eternos" (Deuteronômio 33:27). Deus nos faz felizes porque nos sustenta com Sua graça. Ele nos fortalece com o Seu poder, enxuga as nossas lágrimas e nos oferece amor genuíno e incondicional. O que mais pode ser motivo de felicidade do que esse tipo de relacionamento?

O Salmo 46 afirma isso:

Deus é o nosso refúgio e fortaleza, socorro bem presente nas tribulações.

Portanto, não temeremos, ainda que a terra se transtorne e os montes se abalem no seio dos mares; ainda que as águas tumultuem e espumejem e na sua fúria os montes se estremeçam.

Há um rio, cujas correntes alegram a cidade de Deus, o santuário das moradas do Altíssimo.

Deus está no meio dela; jamais será abalada; Deus a ajudará desde antemanhã.

Bramam nações, reinos se abalam; ele faz ouvir a sua voz, e a terra se dissolve.

O Senhor dos exércitos está conosco; o Deus de Jacó é o nosso refúgio.

Há uma lição profunda neste Salmo 46. Quando o escritor registra que "Deus é o nosso refúgio", ele tem em mente as cidades de refúgio que foram criadas por orientação do Senhor nos tempos do Antigo Testamento. O propósito divino ao instituir a criação dessas cidades – seis, ao todo, conforme Josué 20:1-9 – era prover refúgio, um local para a proteção do homicida que, sem intenção, matasse o seu semelhante em um acidente, por exemplo. Como a lei instituía a pena de morte para assassinato doloso,

Relacionamentos saudáveis e duradouros têm sido apontados como indicadores seguros de felicidade era necessário prover uma alternativa para o que hoje chamamos de homicídio culposo, ou seja, aquele em que o agente não teve a intenção de matar. Desse modo, o homicida ficaria refugiado em uma dessas cidades, protegido daquele que a Bíblia chama de "o vingador de sangue", que era o parente da vítima a quem cabia fazer justiça com as próprias mãos.

Enquanto o homicida refugiado estivesse nas cidades de abrigo, amparado pelo sacerdote local, nada poderia acontecer contra ele. O salmista do texto citado tinha uma visão ampla do cuidado divino. Ele fornece ao leitor um vislumbre da sua aguçada capacidade de ver além, de olhar sobre os ombros do gigante, quando diz que "Deus", e não mais aquelas cidades, é o verdadeiro refúgio daquele que crê.

O salmista está dizendo, em outras palavras, que, ainda que a questão seja grave a ponto de alguém querer vingá-lo, e ainda que os problemas ergam uma muralha intransponível diante de nós, temos um resgatador. Imagine nós, brasileiros, tendo que cumprir essa determinação de modo literal. Imagine você, leitor, tendo que buscar abrigo e proteção numa das seis cidades de refúgio em Israel? Estamos falando de uma impossibilidade real a qualquer povo distante daquele país. Mas o salmista vai além – ele

O Senhor providencia tudo aquilo de que precisamos para uma vida feliz, de relacionamento íntimo com Ele contemplava a face do Senhor, a grandeza do nosso Deus. Que magnífico! Que lição ele nos dá, a de uma confiança desmedida, incondicional, sem restrições!

Este Deus maravilhoso é aquele que cuida de nós. Moisés diz que "ele coloca nossa vida numa terra de grãos e de vinho" (Deuteronômio 33:28). Diz, ainda, que Ele "banha em azeite o nosso pé" (Deuteronômio 33:24). Nós somos o povo mais feliz da Terra porque nosso Deus cuida de nós. Ele não apenas nos carrega, metaforicamente, em seus braços; também providencia tudo aquilo de que precisamos para uma vida feliz, de relacionamento íntimo com Ele.

Nossa felicidade plena e maiúscula não é um bem que adquirimos nem mesmo uma circunstância que vivemos, mas uma pessoa. O próprio Jesus é a nossa alegria. Dele emana nossa plena felicidade. Ilustro esse fato da seguinte maneira: um rico empreendedor, amante da arte, tinha como herdeiro de sua colossal fortuna um filho único. Este, saindo para uma longa viagem na companhia de seu melhor amigo, sofreu um grave acidente e veio a óbito. O amigo, procurando consolar o pai enlutado, mesmo não sendo um renomado pintor, esboçou num quadro o rosto do seu amigo e enviou-o ao pai do companheiro. Este, ao receber a obra, emoldurou-o e pendurou-o entre os seus seletos quadros, pintados pelos mais renomados artistas. Antes de morrer, esse homem fez o seu testamento e entregou-o nas mãos de seu mordomo. No testamento, todos os quadros famosos, que representavam sua grande fortuna, deviam ser leiloados e os recursos distribuídos a entidades filantrópicas. Esse dia chegou e o mordomo divulgou o leilão das obras. As pessoas ricas e amantes da arte vieram para adquirir os quadros dos maiores pintores da época. Para surpresa dos convidados, o primeiro a ser leiloado foi o retrato do filho do morto. Não havia nele nenhum requinte nem era assinado por nenhum pintor famoso. Nenhum lance foi feito. Ninguém se interessou. Depois de algum tempo, uma pessoa faz o primeiro lance e compra o retrato. Nesse momento, o mordomo interrompe o leilão. Diante do protesto dos convidados, ele lê o testamento: "A pessoa que comprar o retrato do meu filho, será o dono de todos os outros quadros, pois quem tem o meu filho tem tudo". Esse episódio remete-nos à magnífica verdade bíblica descrita pelo apóstolo João: "Aquele que tem o Filho tem a vida; aquele que não tem o Filho de Deus não tem a vida" (1 João 5:12). Se você tem Jesus, você tem tudo. Se você tem o Filho de Deus, você é feliz, verdadeiramente feliz, eternamente feliz!

CONCLUSÃO

Querido leitor, já que você gentilmente nos acompanhou nesta leitura, não podemos concluir esta obra sem lhe perguntar: você tem encontrado a felicidade? É capaz de dizer, sem hesitar, que é uma pessoa feliz? Caso você não tenha podido responder afirmativamente a essas duas questões, ou tem dúvidas acerca delas, devo dizer que você não tem sido verdadeiramente feliz. Isso porque a verdadeira felicidade, com já vimos, brota do fundo da alma, inunda o coração e se revela em nossos gestos, palavras e atitudes diante da vida.

Ao longo deste livro, vimos como é inútil buscar a felicidade nas riquezas, nos prazeres ou na religião. Tampouco é possível ser feliz por meio da luxúria, dos vícios e de uma vida centrada no hedonismo. Não; verdadeiramente feliz é aquele que, à semelhança de Moisés, encontra sua realização no Senhor. E eu lhe pergunto agora: você faz parte desse povo, o povo mais feliz da Terra? Ou será que ainda depende de um momento, de uma situação, de um acontecimento, para sentir-se feliz?

Ainda que você, por tudo que foi dito aqui, tenha chegado à conclusão de que não é uma pessoa feliz, não se angustie. A verdadeira conscientização nasce quando somos confrontados com a verdade. E a verdade é a Palavra de Deus, a mesma que afirma categoricamente que, se nos agradarmos do Senhor, Ele satisfará os desejos de nosso coração (Salmos 37:4). Então, quer ser feliz agora? Pois, eu lhe asseguro: receba a Cristo Jesus como Senhor da sua vida, e você obterá agora, pela fé, o presente da vida eterna. Arrependa-se agora dos seus pecados e ponha sua confiança no Filho de Deus e você será salvo (Atos 16:31).

E, caso você já seja parte do povo de Deus – o povo mais feliz da face da Terra –, mas, por algum motivo, deixou que os problemas deste mundo o afastassem da verdadeira felicidade, convido-o a voltar seus olhos para o autor e consumador da fé, o doador da vida. Observe onde você tem falhado e deixado que outras coisas ocupem o espaço que somente Deus pode ocupar em sua vida. Não seja como os primeiros três tipos de sementes da parábola do semeador, que caíram à beira do caminho, tinham raízes fracas ou se deixaram envolver pelos espinhos; antes, germine na boa terra do Senhor, a fim de dar frutos a trinta, a sessenta e a cem por um!

Àqueles que buscam a verdadeira felicidade, Jesus Cristo, o Filho de Deus, diz: "Se alguém tem sede, venha a mim e beba. Quem crer em mim, como diz a Escritura, do seu interior fluirão rios de água viva" (João 7:37-38). Prezado leitor, a nossa felicidade não está em coisas, em situações, em momentos ou circunstâncias. A nossa felicidade plena está no Deus eterno. Nosso Deus é o mesmo ontem, hoje e eternamente. "Feliz és tu, ó Israel, quem é como tu?", apregoou Moisés, referindo-se ao povo escolhido pelo Senhor. Você e eu, hoje, podemos fazer parte desse povo! Nós, que colocamos nossa confiança em Deus, somos o povo mais feliz da Terra! Que essa felicidade habite em seu coração e reine em sua alma, agora e sempre!

Caso você deseje, após esta leitura, sentir-se mais próximo do Senhor em busca de felicidade e sentido para a sua vida, convido-o a buscar a Jesus, o Filho de Deus, de todo o seu coração, pois Ele jamais afasta aqueles que se chegam a Ele. Lembre-se: perto está o Senhor daqueles que O buscam. Junte-se a mim, nesta oração:

Querido Deus, nosso Pai celestial. Agradecemos-Te porque Te conhecemos, e sabemos que Tu podes todas as coisas. Temos o conhecimento da Tua Palavra, perfeita e santa para nos guiar neste mundo. Querido Pai, obrigado pelo conforto que trazes ao nosso coração dolorido, quando os espinhos da vida nos afligem. Sabemos que a Tua graça nos basta, mesmo quando somos assaltados pelas vis tentações e envolvidos pelas mais terríveis tormentas. Obrigado pelo Teu amor demonstrado na cruz do Calvário, onde Jesus, o Teu Filho, morreu pelos nossos pecados. Nossa felicidade independe das circunstâncias que vivemos; antes, está firmada em Ti. Obrigado pela visão que temos da eternidade, onde seremos plenos na tua presença e da Tua presença. Obrigado pela presença do Santo Espírito em nossa vida. Obrigado pelo privilégio de sermos o povo mais feliz da Terra, porque conhecemos o Deus vivo, aquele no qual nos movemos e existimos. Fica conosco, ó Pai! Em nome de Jesus, amém.

Este livro foi composto em Adobe Garamond Pro e impresso pela Intergraf
para a Editora Planeta do Brasil em julho de 2018.